Astrid Hille Dina Schäfer Saskia Gaymann

Guck mal Moderne Kunst

Schräges und Schrilles zum Mitmachen

belser

Inhalt

IST SO WAS KUNST?

GESTAPELTE KÜHLSCHRÄNKE

FELLTASSEN BESPRÜHTE RIESENLUFTBALLONS UND

BLAU BEMALTE SCHWÄMME ...

KLAR IST DAS KUNST!

Denn diese Werke sind in den großen Museen der Welt zu sehen. Aber die Ideen muss man haben und ein bisschen schräg und schrill denken!

Das können wir auch und erfinden tolle Kunstwerke aus Sachen, die wir im Keller, Spielzimmer oder auf dem Dachboden entdecken:

Wir gestalten aus bemalten Putzschwämmen ein Mosaik, ordnen Spielzeugautos und Korken zu Serien-Collagen, bekleben altes Geschirr mit Federn und Stoffresten, bekleckern Leinwände oder besprühen Luftballons und alte Papierlampen ...

Es entstehen schöne verrückte Bilder und Skulpturen, die eigentlich auch ins Museum gehören – zumindest aber ins Regal oder an die Wand!

KOKOLU, das kleine grüne Monster, ist auch begeistert von der Modernen Kunst, macht aber ganz schön viel Blödsinn damit.

Blau, blau, blau,
sind alle meine Bilder …

Als Yves Klein noch ein junger Mann war, saß er mit zwei Freunden am Strand in Südfrankreich. Die drei spielten ein Spiel und wollten die Welt unter sich aufteilen: Der eine nahm das Land, der andere die Luft und Yves Klein den Himmel. Er liebte das Blau des Himmels so sehr, dass ihn manchmal sogar die Vögel störten, die darin herumflogen. Er fand, dass sie Löcher in das Himmelsblau bohrten.

Später als Künstler fand er in keinem Farbkasten das richtige Blau, und so mischte er sein eigenes Blau und nannte es IKB: Von da an malte er alles in dieser Farbe: Wände, Skulpturen und seine berühmten Bilder und Figuren mit Schwämmen. Die Farbe ist so einzigartig und schön, dass man die Kunstwerke von Yves Klein immer sofort erkennt.

Yves Klein, Blaues Schwammrelief, 1960

DU BRAUCHST

verschiedene Schwämme (Putzschwämme und Badeschwämme), Acrylfarben, Pinsel, Schere, Kleber, Alufolie, Blumensteckschwamm, Äste, Karton, Zahnstocher

HEUTE MACHEN WIR BLAU:

Wir bauen eine Schwammskulptur

1. Nimm die Schere und schneide deinen Badeschwamm für deine Skulptur zurecht.

2. Male deine Schwämme blau an und stecke oder klebe sie zu deiner Figur zusammen. Dafür kannst du Äste oder Zahnstocher benutzen.

Die beiden Fußballspieler stecken in einem Blumenschwamm mit Alufolie umwickelt, damit sie nicht umfallen. Ihre Hosen sind aus blauem Karton, der Fußball und die Augen aus geknüllter Alufolie. Pupillen malst du mit schwarzem Lackstift auf. Alles ist mit Holzleim festgeklebt.

WIE KÖNNTE DEINE SKULPTUR AUSSEHEN? WIRD ES EIN BAUM MIT BLAUEN FRÜCHTEN, EIN TIER ODER SPIELEN ZWEI FIGUREN BALL?

fertig

!

EINE FARM MIT FANTASIETIEREN und EIN KUNTERBUNTES MOSAIK aus weichen Rechtecken ...

Auf den folgenden Seiten könnt ihr sehen, was man aus zerschnittenen Schwämmen alles machen kann.

Jetzt nehmen wir uns die Putzschwämme vor und schnippeln kleine Füße, große Köpfe und dicke Bäuche. Augen und Mund kannst du später aufmalen.

Vorsicht: Die Zahnstocher sind ganz schön spitz, nicht in die Finger piksen.

BASTELT EUREN EIGENEN ZOO ODER EINE FARM.

Mit Zahnstochern werden aus Schwammschnipseln ganz schnell lustige Tiere.

fertig !

PUTZSCHWÄMME AN DIE WAND

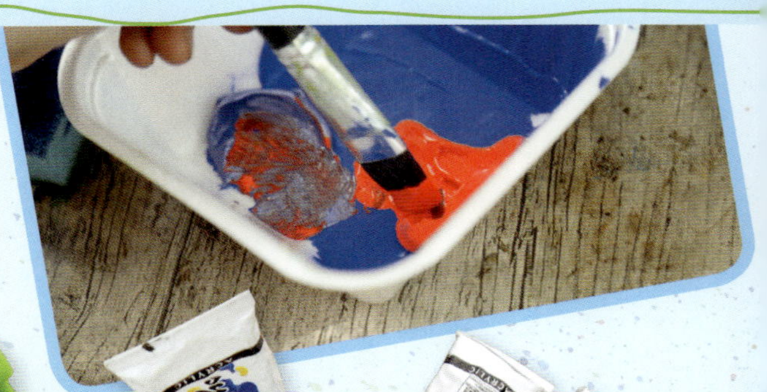

Jetzt wird's bunt!

Mit zerschnittenen bunt bemalten Putzschwämmen kann man ein Mosaik kleben. Probier viele verschiedene Zusammenstellungen aus: mal nach Farben, mal nach Formen oder ganz wild durcheinander.

Das Mosaik, das dir am besten gefällt, kannst du auf einen farbigen oder schwarzen Karton kleben und an die Wand hängen.

Vielleicht hast du auch einen alten Rahmen, in den dein Schwamm-Mosaik hineinpasst.

fertig

Regenguss aus gelben Wolken oder bunte Feuerquallen im Ozean?

Cy Twombly ist ein amerikanischer Maler, der ganz viele Jahre in Rom gelebt hat. Er mochte das Licht des Südens, aber vor allem die alten römischen und griechischen Sagen und Geschichten.

Wenn man das riesengroße Bild anschaut, sieht man vielleicht einen Teich mit Seerosen darin. Oder hat hier jemand mit Farbbeuteln auf ein Himmelsbild geworfen?

Der Künstler hat sein Werk „Lepanto" genannt. Er hat dabei an eine Seeschlacht gedacht, die vor ungefähr 500 Jahren in der griechischen Meerenge Lepanto stattfand.

Cy Twombly, Lepanto VII, 2001

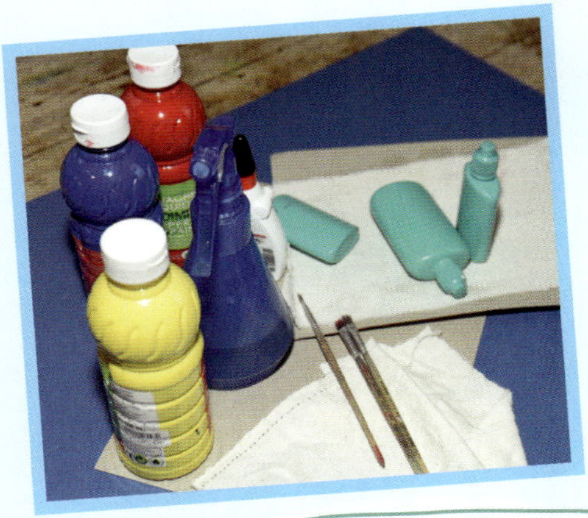

KLECKS UND SPRITZ die Farbe läuft

Bekleb ein Stück Pappe mit weißem Stoff. Dann setz mit dem Pinsel bunte Farbkleckse auf den Stoff. Jetzt kannst du mit Spritzflaschen Wasser auf die Farbkleckse spritzen. Wenn du dein Bild schräg hältst, verlaufen die Farben und es entstehen Blumen, Luftballons und bunte Wolken.

DU BRAUCHST

dicke Pappe, weiße Stoffreste (zum Beispiel alte Bettlaken), Schere, Holzleim, Farben, Pinsel, Blumensprenger oder leere Spritzflaschen

Cy Twombly hat in seinen Bildern die Farben fließen und verlaufen lassen. Mit verschiedenen Techniken probieren wir das auch aus! Wir spritzen mit Wasser, lassen Seifenblasen fliegen und pusten mit dem Strohhalm.

fertig !

BLUBB BLUBB BLUBB

SEIFENBLASEN, DIE NICHT DAVONFLIEGEN

Mit den Tinten färbst du die Seifenlaugen, sodass in jeder Dose eine andere Farbe ist. Dafür gibst du mit der Pipette jeweils ein paar Tropfen von der Tinte in die Seifenblasenlösungen.

Vorsichtig umrühren und dann kannst du die Seifenblasen auf dein Papier pusten. Nicht zu viel Abstand, sondern nah an das Papier herangehen!

DU BRAUCHST

Zeichenpapiere, verschiedenfarbige Tinten in Fläschchen mit Pipette, 3 oder 4 Seifenblasendosen

Wenn die Seifenblasen zerplatzen, entstehen farbige Kreise und Kleckse.

Mal haben sie kräftige Farben, mal sind sie ganz zart.

Vielleicht bilden sich Seifenblasenhaufen auf deinem Bild, die dann nach und nach zerplatzen und ein schönes Muster ergeben.

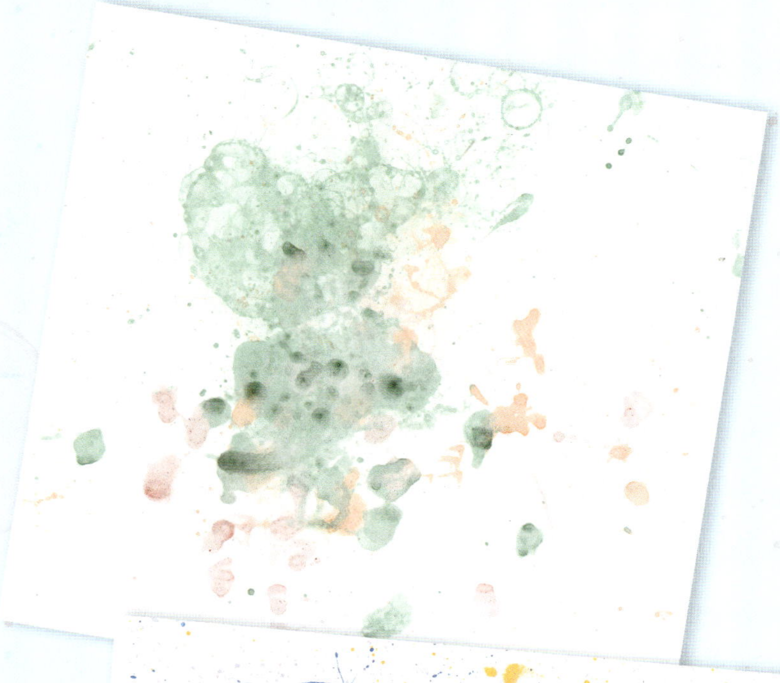

fertig

STERNE UND WASSERTIERE

mit Strohhalm und Holzspieß

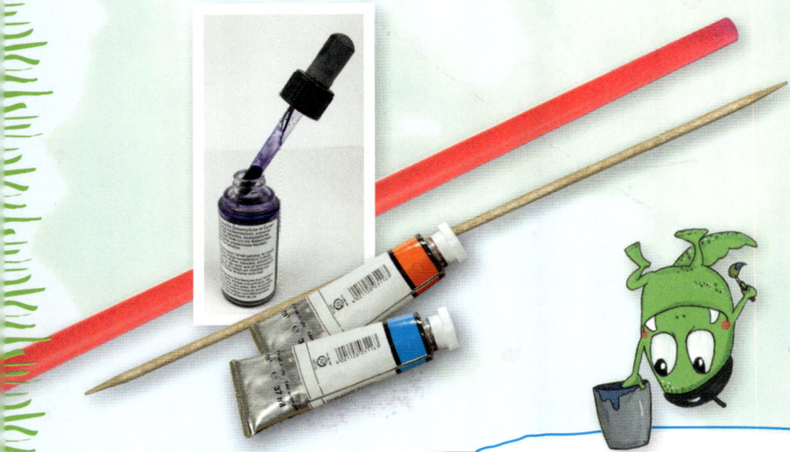

DU BRAUCHST

Aquarellpapier, Schwamm, Temperafarben oder verschiedenfarbige Tinten in Fläschchen, Strohhalm und Holzspieß

Mit dem nassen Schwamm feuchtest du dein Papier gut an.

Dann lässt du Farbe auf dein Blatt tropfen und pustest sie mit dem Strohhalm in alle Richtungen. Das geht nur, wenn die Farbe flüssig genug ist und du schnell arbeitest.

Mit dem Holzspieß kannst du in die Farbe hineinkratzen oder sie in verschiedene Richtungen ziehen.

Und auf einmal bevölkern bunte Seeigel, Seepferdchen, Kugelfische und kleine Ungeheuer dein Unterwasserbild.

Sie spielen und tanzen miteinander.

fertig

!

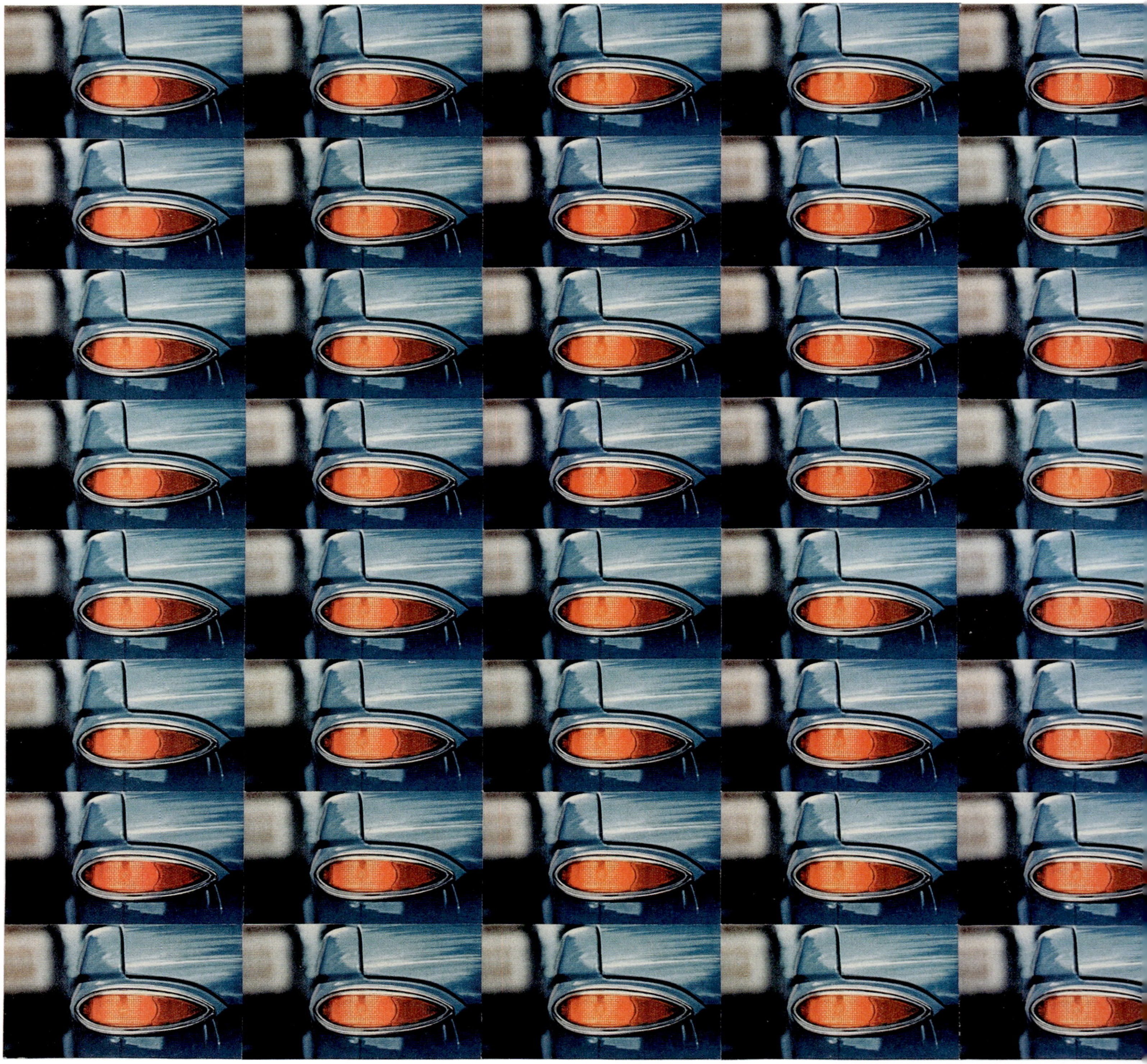

Was guckt uns denn da an?

Ein Ungeheuer mit tausend Augen oder außerirdische Wesen?

Nein, das sind Auto-Rücklichter. Ganz schön viele. Und wenn man genau hinschaut, sieht man: Es ist immer dasselbe Rücklicht.

Der Künstler hat für dieses Bild die Autolichter aus Werbeprospekten ausgeschnitten und zusammengeklebt. So wiederholt sich das rote Rücklicht immer wieder und wieder. Auch in seinen anderen Kunstwerken montiert der Künstler kleine Dinge in Serien, zum Beispiel Streichholzschachteln, Bierdeckel oder kleine Kugeln. Auf die Idee mit der Serie kam er durch die Werbung. In Zeitschriften, Radio und Fernsehen wird ja die Werbung auch immer wiederholt und man sieht oder hört dasselbe ganz oft.

„**Ob das, was ich mache, Kunst ist, weiß ich nicht.** Andererseits wüsste ich auch nicht, was es sonst sein könnte“, hat Peter Roehr zu seinen Werken gesagt.

Peter Roehr, Untitled (FO-111), 1965

HASEN UND PILZE IN SERIE

DU BRAUCHST
viele Werbeprospekte von einer Sorte, Schere, Kleber, schwarzen oder farbigen Karton

Schau dir die Bilder in deinen Prospekten an.

Welche gefallen dir?

Entscheide dich für 3 Bilder, suche diese in allen Prospekten und schneide sie aus.

DANN LEGST DU AUS DEINEN BILDERN VERSCHIEDENE SERIEN.

Wie sieht das aus, wenn alle Pilze, Apfelsinen und Hasen geordnet zusammenliegen? **Gefällt es dir?** Dann kleb sie auf dem Karton fest.

fertig

!

ORDNUNG SCHAFFEN

Du kannst für Serienbilder auch verschiedene kleine Dinge sammeln, z.B. Spielzeugautos, Korken, Perlen und Knöpfe, Pappen, schöne Steinchen, kleine Spielfiguren. Es sollten immer mehrere Dinge von einer Sorte sein.

PROBIERE GANZ VERSCHIEDENE ANORDNUNGEN AUS:
Mal legst du die Kronkorken mit den Autos zusammen oder die Pappe mit den Sektkorken. Oder du machst eine bunte Serie mit deinen Spielfiguren.

SERIENBILDER MIT KLEINKRAM

VON DEINEN GEORDNETEN DINGEN MACHST DU FOTOS.

ie Fotos, die dir am besten gefallen, druckst du entweder im Fotogeschäft oder mit einem Farbdrucker zu Hause aus. Aber nicht nur einen Ausdruck, sondern mindestens acht von jedem Bild.

Nun klebst du deine Fotos wie Peter Roehr zu Serienbildern zusammen.

fertig !

Jetzt geht's rund!

Wow! So riesige bunte Kugeln! Da möchte man am liebsten mitten reinrennen, sich draufsetzen oder sich darin verstecken.

Die Künstlerin Katharina Grosse hat diese tollen Kugeln mit Farben besprüht und in einen großen Raum mit besprühten Wänden gelegt. Aber auch ganz viel anderes hat sie mit ihren Sprühfarben bearbeitet: Betten, Steine, Seide, Holz, Erdhaufen, eine ganze Wohnung oder eine Flughafenhalle. Ihre Kunstwerke lassen sich nicht in einen Bilderrahmen pressen und manchmal passen sie nicht mal in ein Museum. Dafür sind sie viel zu groß. Doch daran denkt die Künstlerin nicht, wenn sie arbeitet. In ihrer Vorstellung kennt sie keine Grenzen, sie verlängert einfach die Farbe in den Raum und sogar in die Landschaft hinein.

Katharina Grosse, Atomimage, 2007

KUGELN IN DER KISTE

Auch kleinere bunte Kugeln sehen toll aus. Die passen in eine Kiste und brauchen keine große Halle.

DU BRAUCHST

Schalen oder leere Flaschen, Sprühfarbe auf Wasserbasis in verschiedenen Farben, Holzstäbchen, große und kleine Kugeln (z. B. Tischtennisbälle, alte Weihnachtskugeln oder Styroporkugeln), weiße Acrylfarbe, Pinsel, Gummihandschuhe, einen alten Kasten, Karton oder Schublade, Heißklebepistole, eventuell einen Fön

Male die Kugeln zuerst mit weißer Acrylfarbe an und lass sie gut trocknen. Am besten legst du sie dafür in eine kleine Schale.

DECK DEN TISCH MIT MALERFOLIE AB.

Nach dem Trocknen ziehst du deine Gummihandschuhe an und Düse frei für Blau, Pink, Gelb und Violett.

Aber Vorsicht: Damit die verschiedenen Farben nicht zu sehr ineinander verlaufen, musst du sie jeweils gut trocknen lassen oder trocken fönen. Dann kannst du die nächste Farbe aufsprühen.

Die fertig besprühten Kugeln kannst du zum Trocknen auf ein Holzstäbchen stecken und in eine kleine Flasche stellen. Diese sieht aus wie eine bunte, kugelrunde Blume.

Falls du noch Goldspray von Weihnachten hast, kannst du eine Kugel auch damit ansprühen.

Wenn alle Kugeln gut getrocknet sind, legst du sie in einen Kasten aus Pappe oder Holz.

WIE GEFÄLLT ES DIR AM BESTEN?

Die große Kugel in der Mitte und die kleineren drumherum oder zwei große in die Ecke und eine kleine dazwischen?

Probier verschiedene Zusammenstellungen und fixier die Kugeln dann mit einem Klecks aus der Heißklebepistole.

DU KANNST DEINE KUGELKISTE AN DIE WAND HÄNGEN ODER INS REGAL STELLEN.

fertig

!

KUGELN AN DER SCHNUR

Nun sprühen wir auf kleine
und

Mit Sprühfarben werden kleine Papierlampions zu tollen Kunstwerken.

Welche Farben passen gut zusammen: Gelb und Orange , Blau und Lila, oder ganz bunt durcheinander?!

Wenn schönes Wetter ist, kannst du die Sprühaktionen auch draußen machen.

Aber Vorsicht: **Achte darauf, woher der Wind weht, sonst hast du die Farbe im Gesicht.**

große Kugel-Lampen.

Vielleicht hast du eine alte weiße Papierlampe. Bunt besprüht und im Zimmer aufgehängt wird sie zum leuchtenden Kunstobjekt.

So ein Schrott!

Alte, aufgetürmte Kühlschränke? Das ist keine Kunst – oder doch?

Der Künstler Thomas Rentmeister stapelt gern alte Kühlschränke vom Schrottplatz:

Erst zwei, dann zwanzig und in diesem Kunstwerk sind es sogar 145 Stück, die er in vier Stapeln aufeinandergesetzt hat. Komisch – aufgestapelt und vereint in dieser gewaltigen Skulptur wirken die alten weggeworfenen Geräte gar nicht mehr so schäbig und kaputt. Das liegt bestimmt auch daran, dass der Künstler sein Werk mit weißer Wundcreme eingeschmiert hat – und die heilt ja vielleicht auch Kühlschränke, zumindest sieht man die Lücken, Zwischenräume und Risse nicht mehr.

Thomas Rentmeister, Santo*, 2003

EINE KARTONSTADT MIT STAPELHÄUSERN

Wir wollen auch hoch hinaus und mit Altem und Weggeworfenem etwas bauen.

Aus den Kartons baust du eine Stadt.

Vielleicht wird es die Skyline einer Großstadt mit Türmen und hohen Häusern.

Manche haben Dächer und oder Kamine. Zwischen den Häusern entstehen immer wieder Lücken, die du mit Pappen füllen kannst. Sie stützen die Häuser.

DU BRAUCHST
ganz viele Kartons in unterschiedlichen Größen und Farben, Klopapierrollen, Wellpappe, Schere

Aus Kartonresten kannst du noch Fenster und Türen ausschneiden und aufkleben.

fertig

!

Uiii

und plötzlich wackelt alles und fällt um. Macht nix: wieder aufbauen und neue Häuser stapeln.

Wie viele Kartons musst du wohl aufeinanderstapeln, damit eine Figur in genau deiner Größe entsteht?

Suche große und kleine Kartons und setz sie aufeinander. Vielleicht fehlt am Schluss nur eine klitzekleine Schachtel oder ein Hut.

KLEINE HOCHSTAPLER

Falls deine Kartons Risse haben oder beschädigt sind, kannst du sie wie Thomas Rentmeister reparieren oder heilen. Aber nicht mit Wundcreme, sondern mit Klebeband und Pflaster.

fertig

!

Iiiih!!

Aus so einer Tasse Kakao trinken und dann den Löffel abschlecken. Das kitzelt bestimmt ganz schrecklich und schmeckt haarig.

Aber warum hat die Meret Oppenheim das Geschirr mit Fell überzogen?

Vor rund 80 Jahren saß die Künstlerin mit Freunden in einem Pariser Café. Sie überlegten sich, wie es wohl aussehen würde, wenn man alle möglichen Gegenstände mit Fell bekleben würde. Meret ging nach Hause, fand ein Stück Fell und probierte die Idee mit Tasse und Teller aus. Es wurde eines der berühmtesten Kunstwerke des Surrealismus. Die Künstler in dieser Zeit spielten mit Ideen, Träumen und Fantasien. Aus gefundenen Gegenständen machten sie verrückte Kunstwerke. Ein Schuh, eine Tasse oder ein Fahrradsattel wirken plötzlich ganz anders, wenn man sie anzieht, ihnen einen Hut aufsetzt oder einen wilden Haarschopf verpasst.

Meret Oppenheim, Frühstück im Pelz, 1936

AUS ALT MACH NEU!

Du kannst alles
gebrauchen, was du findest,
um eine tolle Ausstellung mit deinen eigenen
kreativen Objekten zu machen.

LASS DEINER FANTASIE FREIEN LAUF …

… und auf geht's

NEUE KLEIDER FÜR TELLER UND TASSEN

Sicher findest du im Keller oder ganz hinten im Küchenschrank ausrangiertes Geschirr. Mit Stoffen, Fellresten und Federn ziehst du den Tellern und Tassen neue Kleider an.

Du kannst fantasievolle Geschirr-Mode entwerfen.

Mit Federn und Stoffresten probierst du ganz viel aus.

COOL

Die Tassen- und Tellerverkleidung, die dir am besten gefällt, klebst du auf dem Geschirr fest.

DU BRAUCHST

altes Geschirr, Kartonreste, Federn in verschiedenen Farben, Stoffreste, Kleber, Schere

WAS KÖNNTE ENTSTEHEN?

Eine Vogeltasse mit Flügeln, ein flauschiger Kitzelteller oder Federporzellan für eine zarte Elfe?

Vielleicht ist es auch Geschirr für ein Indianerfest.

FANTASTISCH

VERRÜCKT

ELEGANT

SCHRÄGES UND SCHRILLES
KUNST AUS ALTEN SACHEN

Sammel ganz verschiedene Gegenstände.

Vielleicht findest du einen alten Fahrradsattel, einen kaputten Besen, zerfranste Rasierpinsel, Puppenschuhe, Holzperlen, bunte Knöpfe, Filzreste, Verpackungsreste, Muscheln usw.

Jetzt kombinierst du die Sachen zu schrillen Kunstobjekten.

Woraus könnten komische, witzige Figuren oder Tiere entstehen?

Tausendfüßler mit Schuhtick

und noch eine Figur

GALERIE DER VERRÜCKTEN FIGUREN !

Eingebildeter Pinsel

... und jetzt ... tätätaätä

ERÖFFNUNG !!!

WIE BEI EINER RICHTIGEN AUSSTELLUNG KANNST DU DEINEN KUNSTWERKEN NAMEN GEBEN!

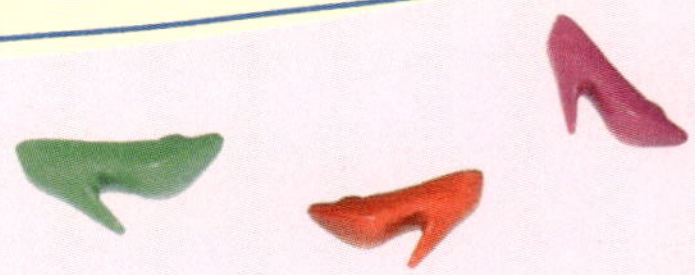

Stolzes Steckenpferd

Schwarzwälder Froschkönig

Elch im Besenwald

Zebratasse

Papageiengedeck

fertig

!

Ab in den Papierkorb

Kennst du das auch: Du hast etwas geschrieben oder gemalt und es gefällt dir nicht. Du knüllst das Papier wütend zusammen und wirfst es weg. Der englische Künstler Martin Creed hat mit seinen Papierbällen dieses Gefühl dargestellt. Sie werden in vielen Museen der Welt gezeigt. Ist doch eigentlich komisch, dass so ein Knüddelball wertvolle Kunst sein soll. Aber manchmal sind es die Gedanken des Künstlers oder die der Betrachter, die ein Werk so besonders machen.

Es ist gar nicht so einfach, einen Papierball zu knüllen.
Man muss ziemlich geschickt sein, um eine so schöne und runde Form hinzubekommen, die ein bisschen wie ein Schneeball aussieht.

Martin Creed, Work No. 88, 1995

EINE SCHNEELANDSCHAFT aus Knüllpapier

1. Schau in den Papierkorb und such verschiedene Papiere mit Schrift heraus: Zeitungen, Packpapier, alte Briefumschläge. Vielleicht findest du auch noch ein altes vergilbtes Buch, das keiner mehr lesen will und aus dem du ein paar Seiten herausreißen darfst.

2. Reiß deine Papiere in unterschiedlich große Stücke und knüll sie zu Bällen zusammen.

DU BRAUCHST

verschiedene Altpapiere in grau, weiß und schwarz, Malkarton, Kleber, Pinsel, weiße Farbe

3. Zieh die Bälle dann vorsichtig auseinander.

Jetzt aber Schluss mit der Schneeballschlacht!

Weiter geht's

4. Jetzt klebst du mit dem zerknitterten Papier eine Landschaft auf deinen Malkarton.

5. DANACH MALST DU DEINE LANDSCHAFT WEISS AN.

6. Suche jetzt noch weiße Papierstücke und forme damit drei Schneebälle: einen großen, einen mittleren und einen kleinen. Daraus entsteht ein Schneemann, den du auf dein Bild klebst.

Aus schwarzem Papier kannst du noch einen Baum ausschneiden und deinem Schneemann einen Hut aufsetzen. Dann nimmst du bunte Knöpfe und klebst sie auf seinen Bauch. Vielleicht bekommt er auch noch eine rote Nase, einen Schal oder Besen.

fertig

!

Mit dem Zufall spielen

Jackson Pollock war ein ziemlich verrückter Künstler. Er hat nicht lange überlegt, was er malen möchte, sondern einfach losgelegt und geschaut, was auf seinem Bild passiert. Er war der Erfinder der „Action"-Malerei. Seine Bilder sind oft sehr groß, sie passten auf keine Staffelei. Pollock musste die Leinwand auf den Boden legen. Dann nahm er Farben und ließ sie aus der Dose tropfen oder er verspritzte sie mit dem Pinsel. Die Farbkleckse ergaben dann ein zufälliges Muster, das er manchmal mit Stöcken verwischte oder sogar mit einem Besen vermalte. Ihm war wichtig, wie und womit die Bilder entstanden sind und nicht so sehr, ob man darauf etwas Bestimmtes erkennen kann. So sieht vielleicht jeder etwas anderes in den Farben und Formen.

Jackson Pollock, Der Wasserbüffel, 1946

MALEN MIT VERRÜCKTEN SACHEN

DU BRAUCHST

Temperafarben, Papierrolle oder ein großes Blatt Papier, Krepp-Klebeband, Pinsel, Pappteller als Palette und ganz viele kleine Gegenstände, mit denen man die Farbe auf dem Blatt verteilen kann: z. B. Spielzeugautos, Äste, Korken, Kamm, Klorolle oder Schwamm,
tolle Musik

EIN ACTION-BILD MIT FREUNDEN

SO GEHT'S: Befestigt ein großes weißes Blatt Papier mit Krepp-Klebeband auf dem Tisch und legt die gesammelten Gegenstände in die Mitte. Der Älteste von euch stellt Musik an. Dann setzt sich jeder an seinen Platz, sucht sich einen Gegenstand aus und beginnt damit zu malen, bis euer DJ die Musik stoppt. Jetzt rückt ihr alle einen Platz weiter und sucht euch einen neuen Gegenstand. Wenn die Musik wieder angeschaltet wird, malt ihr am Bild des Vorgängers weiter. So geht es rundherum, bis das große Blatt vollgemalt ist.

UUUUUUUUUUUUUUUUUUND ACTION!

Alles ist in Bewegung und hinterlässt Farbspuren. Die Autos machen Reifenspuren, die Korken bunte Punkte und die Schwämme gewischte Kreise.

Schaut euch eure Farbspuren an. Was ist entstanden? Ein blauer Bär mit violettem Gesicht und roten Augen oder schnappt ein Alligator nach dem Finger deiner Hand oder brandet eine Riesenwelle im Ozean auf?

fertig

!

WEITER GEHT'S

Wenn ihr wollt, könnt ihr mit euren Händen auch noch Abdrücke auf das Papier machen.

Gibt es Stellen, die ihr weiter ausmalen möchtet? Vielleicht bekommt jeder Finger einen Ring oder die blonde Figur ein Herz auf den Kopf.

fertig !

JUNGE WILDE IN AKTION

Auch mit alten Scheckkarten kann man toll malen.

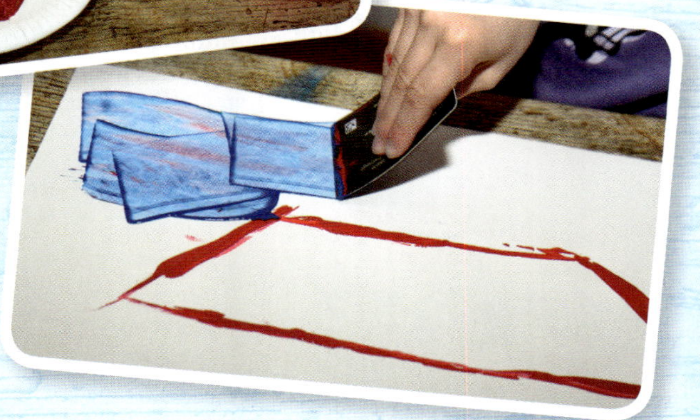

Nimm mit deiner Scheckkarte Farbe von deiner Palette und streiche sie mit großen Bewegungen auf dein Papier. Das probierst du mit verschiedenen Farben.

So kannst du bunte Zufallsbilder malen. Manchmal entsteht ein Schiff, manchmal ein fröhliches Gesicht oder einfach wirbelnde Farbenstürme.

fertig !

Eine Vogelhochzeit

Geht die Sonne unter und der Mond auf, oder ist es umgekehrt?

Haben sich hier ein weißer und ein schwarze Vogel verabredet? Was sie wohl vorhaben, wird es Winter und sie fliegen in den Süden oder wird es Frühling und sie wollen ein Nest zusammen bauen?

Georges Braque hat immer wieder Bilder mit Vögeln gemalt, die am weiten Himmel der Sonne entgegenfliegen. Den Himmel hat er in seinen Bildern ganz unterschiedlich dargestellt. Mal mit grauer Farbe getupft, mal mit breiten blauen oder grünen Pinselstrichen gemalt. Oft hat er auch Zeitungsschnipsel zusammengeklebt oder eine Collage aus Notenpapier und alten Tapeten gemacht.

Georges Braque, Der weiße Vogel und der schwarze Vogel, 1960

SONNENFLUG DER SCHWARZEN RABEN

DU BRAUCHST

einen großen weißen Malkarton Din A2, einen gelben und einen schwarzen Karton Din A4, weißes Papier Din A4, verschiedene Wellpappen, groben Jutestoff u. Ä., Schere, Kleber, Graphitstift

1. Aus dem gelben Karton schneidest du einen großen Kreis. Das ist deine Sonne.

2. Jetzt machst du einen ganz besonderen Himmel: Du nimmst das Papier, legst es auf deine Wellpappen oder Jutestoffe und streichst mit dem Graphitstift darüber, sodass Muster entstehen.

DIESE TECHNIK VERWENDEN VIELE KÜNSTLER, MAN NENNT SIE FROTTAGE.

Man kann ganz unterschiedliche Untergründe wie Pappe, Holzbretter oder auch Raufasertapete dafür nehmen und die Struktur auf Papier übertragen.

3. Dann schneidest du deine Frottage in verschieden große Papierstücke und klebst die Schnipsel kreuz und quer auf den weißen Malkarton.

4. Nun nimmst du deine Sonne und klebst sie auf den Frottage-Himmel.

Jetzt zeichne mit dem Bleistift fliegende Vögel auf den schwarzen Karton. Es können große und kleine Vögel in ganz verschiedenen Formen sein.

Deine Formen schneidest du aus und klebst sie auf das Sonnenbild.

WOHIN FLIEGEN SIE?

DER SONNE ENTGEGEN ODER IST ES DIE HOCHZEITSGESELLSCHAFT AUF DEM WEG ZUR VOGELHOCHZEIT?

Georges Braque ist ein kubistischer Maler und hat in seinen Bildern mit ganz einfachen Formen wie Kreis, Quadrat und Dreieck gespielt. Manchmal sieht es so aus, als hätte er die Motive in kleine Schnipsel geschnitten und neu zusammengeklebt.

fertig

!

Für die tollen Ideen bedanken wir uns bei den jungen Künstlern.

Es hat uns viel Spaß gemacht, mit euch zu malen, zu schnippeln und zu klecksen.

Rocco, Smilla und Till.

Matteo, Josefine und Otis.

Für die schöne Gestaltung dieses Buches danken wir Anke und Thilo.

Dina Schäfer (mitte) hat Pädagogik und Germanistik (MA) studiert.
Astrid Hille (rechts) ist Diplom-Designerin und Spiel- und Theaterpädagogin.
Zusammen haben sie als Autorinnen zahlreiche Kinder- und Jugendbücher veröffentlicht. Als Lektorinnen geben sie Kunst- und pädagogische Bücher heraus. Sie arbeiten als Dozentinnen an der Albert-Ludwigs-Universität und am Kunstkolleg in Freiburg.

Saskia Gaymann (links) ist Illustratorin und Cartoonistin. Als Visagistin arbeitete sie mehrere Jahre für Fernsehproduktionen und organisiert heute Cartoonausstellungen im In- und Ausland.

Bildnachweis

Museen / Sammlungen siehe Verzeichnis der abgebildeten Kunstwerke

Agenturen / Fotografen

akg-images, 60
akg-images / Mondadori Portfolio / 1989 / Walter Mori, 68
bpk / Bayerische Staatsgemäldesammlungen / Haydar Koyupinar, 16
Foto: © Städel Museum – U. Edelmann – ARTOTHEK, 8
Foto: Stefan Lucks, 24
mauritius images / United Archives, 44
© Museum für Moderne Kunst Frankfurt am Main,
Foto: Axel Schneider, Frankfurt am Main, 38

© Katharina Grosse und VG Bild-Kunst Bonn, 2016,
Photo: Christoph Kern, 30
© Martin Creed, 54
© Pollock-Krasner Foundation / VG Bild-Kunst, Bonn 2016, 60
© VG Bild-Kunst, Bonn 2016, 8, 24, 38, 44, 68

Cartoonfiguren © Saskia Gaymann
Fotos Innenteil: © Julian Gaymann, © Elena Goldbach,
© Lektorat Hille & Schäfer

Die übrigen Abbildungen stammen aus den Archiven der Autorinnen, des Verlags und aus Privatsammlungen.

Der Verlag hat sich um die Beachtung der gesetzlichen Vorschriften bezüglich des Copyrights bemüht. Wer darüber hinaus noch annimmt, Ansprüche geltend machen zu können, wird gebeten, sich an den Verlag zu wenden.

Verzeichnis der Kunstwerke

S. 8 Yves Klein, Blaues Schwammrelief – Kleine Nachtmusik, 1960, Schwamm, Stein und Farbpigmente auf Holz und Leinwand, 145 x 116 cm, Städel Museum, Frankfurt am Main, erworben 1981 aus städtischen und privaten Mitteln

S. 16 Cy Twombly, Lepanto VII, 2001, Öl auf Leinwand, 216,5 x 340,4 cm, Bayerische Staatsgemäldesammlungen, Museum Brandhorst, München

S. 24 Peter Roehr, Untitled (FO-111), 1965, Farboffset auf Papier und Karton, 41,5 x 47 cm, Foto: Stefan Lucks, Privatsammlung Frankfurt

S. 30 Katharina Grosse, Atomimage, 2007, acrylic on wall, floor, latex balloons and canvas, 400 x 875 x 1000 cm, Art Unlimited, Art Basel, Basel

S. 38 Thomas Rentmeister, * 1964, Reken (DE) – lebt in Berlin (DE), Santo* 2003, 340 x 530 x 240 cm, Kühlschränke, Penatencreme, Dauerleihgabe der Aloys F. Dornbracht GmbH & Co. KG, Iserlohn, an das MMK Museum für Moderne Kunst, Frankfurt am Main

S. 44 Meret Oppenheim, Frühstück im Pelz, 1936, pelzbezogene Tasse (Ø 10,9 cm), Untertasse (Ø 23,7 cm) und Löffel (20,2 cm), Höhe 7,3 cm, Museum of Modern Art, New York

S. 54 Martin Creed, Work No. 88, A sheet of A4 paper crumpled into a ball, 1995, A4 Papier, Ø 5,1 cm, Courtesy the artist and Hauser & Wirth, Staatsgalerie, Stuttgart

S. 60 Jackson Pollock, Der Wasserbüffel, um 1946, Öl auf Leinwand, 76,5 x 213 cm, Stedelijk Museum, Amsterdam

S. 68 Georges Braque, Der weiße Vogel und der schwarze Vogel, Die Vögel, 1960, 134 x 167,5 cm, Privatbesitz

Impressum

Bibliografische Information der Deutschen Nationalbibliothek.
Die Deutsche Nationalbibliothek verzeichnet diese Publikation in der Deutschen Nationalbibliografie; detaillierte bibliografische Daten sind im Internet über http://dnb.dnb.de abrufbar.

Redaktion: Lektorat Hille & Schäfer, Freiburg
Bildrecherche und Schlusskorrektur: Linda Weidenbach M.A.
Grafisches Konzept, Gestaltung: pohl & rick Grafikdesign, Düsseldorf
Reproduktionen: Zanotto Silverio & C., Tezze, Italien
Gesamtherstellung: Print Consult, München

Umschlagabbildung:
Foto Titel: © Lektorat Hille & Schäfer
Cartoonfigur © Saskia Gaymann

ISBN: 978-3-7630-2746-0

MIX
Papier aus verantwortungsvollen Quellen
FSC® C084279
FSC www.fsc.org

UND NOCH MEHR KUNST ZUM MITMACHEN

Guck mal Kunst
ISBN 978-3-7630-2694-4
Bereits erschienen

Spiel mit Kunst für Kinder
ISBN 978-3-7630-2023-2

AUCH IM ROTEN **GUCK MAL KUNST** BUCH ZEIGEN KINDER UND KOKOLU, WIE SIE DURCH GROSSE KÜNSTLER ZU TOLLEN EIGENEN BILDIDEEN ANGEREGT WERDEN.